Tina Leupers

Die Möchtegern-Mücke

und andere sa-ti(e)rische Gedichte

ISBN 978-3-7386-3775-5
© 2015, Tina Leupers, Baesweiler
1. Auflage 2015

Titelbild: Tina Leupers
Lektorat: Stefan Leupers
Herstellung und Verlag: BoD – Books on Demand, Norderstedt

Inhalt

Vorwort

Sati(e)rische Gedichte
erzählen eine Geschichte
von Hund, Katze, Schaf,
nicht immer sind alle brav.

Wie viele mögen es sein?
Kamel, Gnu und Schwein
und noch anderes Getier
verstecken sich im Büchlein hier.

Märchen, Witz und Träume
bieten da die nöt'gen Räume
zum Lesen und Verweilen.
Sie brauchen sich nicht beeilen.

Ich wünsche Ihnen eine tierische Zeit,
zum Lachen gibt's genug Gelegenheit
bei der ein oder anderen Geschicht'.
Beginnen Sie mit dem ersten Gedicht:

Tier-Rätsel (zum Mitraten)

Ich bin – ganz klar – ein Tier.
Doch welches – was meint Ihr?

Ich bin klein, doch ein Vogel bin ich nicht,
denn ich hab keine Flügel und kein' Schnabel im Gesicht.

Ich lebe manchmal im Haus,
bin aber keine Katze, die immer will raus.

Manchmal geh ich über Wiese und Feld,
doch bin ich nicht wie die Mäuse dieser Welt.

Ich bin schnell und oft entwisch
ich, doch bin ich auch kein Fisch.

Meistens färbt mein Fell mich braun,
doch bin ich nicht die Ziege hinter'm Zaun.

Ich habe einen kurzen Schwanz,
doch bin ich weder Ente noch Gans.

Mit großen Ohren lausch ich übers Land,
doch nicht mit so großen wie ein Elefant.

Nun sagt mir, Leute, wer ich bin,
dann hat das Rätsel einen Sinn.

Ja genau, ich bin ein Hase,
klein und braun, mit guter Nase.
Mit langen Ohren hör ich viel auf dem Feld
und hoppel meist vergnügt durch die Welt!

Im Klavier

Es war einmal ein Tier,
das lebte im Klavier.
Das Klavier stand im Haus,
und das Tier nannte man Maus.

Die Maus aß vegetarisch
und war auch musikalisch.
Jede Nacht schon übte sie
Beethovens Neunte Sinfonie.

Sie huschte die Saiten auf und ab
und hielt damit die Menschen auf Trab.
Die hörten hin und wieder
die leis getrappelten Lieder.

Und immer, wenn der Pianist beim Üben
zum „d" rauflangen wollt', dort drüben,
erklang von der Maus ein „a",
denn sie saß halt grad da!

Da wurd's dem Menschen zu bunt
und er suchte im Klavier nach dem Grund.
Und als er es sah, hat er getobt,
weil eine Maus dort geprobt!

Die Kleine aber verschwand
im Loch in der Wand,
und wurde von ihresgleichen verehrt
nach diesem heimlichen Mäusekonzert.

Große Auswahl

Heute möcht ich ins Tierheim gehen
und mich nach einem Hund umsehen!
Ich such so lange schon ein Tier,
vielleicht find ich's ja hier.

Als ich komme, klingel ich,
an der Wand da kringelt sich
ein Tausendfüßler vor sich hin.
Es summt die Tür – und ich bin drin.

Es begrüßt mich freundlich eine Frau:
„Na? Wissen Sie schon ganz genau,
welches Tier Sie möchten haben?
Und vielleicht sogar die Farben?"

„Ich … also … tja, einen Hund,
aber welche Rasse? Und …
welche Farbe, ach Gott, ganz egal,
was Sie halt haben im Regal."

Na, Regale gibt's hier nicht,
auf Käfigen liegt das Gewicht.
Und so führt sie mich, ich wackel
vorbei an Pudel und an Dackel,

vorbei an Mops und Dalmatiner
und andren Hunden aus China,
dem Chihuahua und Pekinese,
wobei, da hab ich ja die These,

die haben die Chinesen nie besessen.
Hunde werden in China ja gegessen…
Dann bellen Dogge, Husky und Ter-rier:
„Wer ist denn wohl der Herr hier?"

Es jault der Pinscher, es fiepst der Schnauzer.
„Ist ein komischer Kauz, der.
Wie wär's mit einem Collie?"
Der schnuppert an meinem Pulli …

8

Die Frau zeigt mir Schäfer-, Wind- und
noch 'n Hund und *noch* 'n Hund.
Einen Bobtail und einen Cocker,
bei dem sitzt das Halsband seeeehr locker …

„Da ist noch dieser Labrador,
der fast schon eine Pfote verlor.
Er wurde von dem Boxer gebissen,
jetzt liegt er gerne auf 'nem Kissen."

Um Rottweiler und Dobermann
mach ich einen Bogen dann.
Die sind mir doch zu gefährlich,
ehrlich.

Ich seh noch einen Golden Retriever,
und mir war, als rief er:
„Hol-mich-hier-raus,
zu-Dir-nach-Haus!"

Dann sehe ich den Dingo,
da macht es bei mir „BINGO!"
„Danke", sag ich zu der Frau,
„jetzt weiß ich es genau!"

„Aha - möchten Sie einen Spitz?"
DAS ist ja wohl ein Witz!
Wenn 'n Hund,
dann 'n Sennenhund!

Alte Gewohnheiten

Er sitzt am Fenster, schaut hinaus
auf die kaum befahrene Straße.
Er wohnt gern in diesem Haus,
singt ein Lied nur so zum Spaße.

Wenn ein Vogel fliegt vorbei
oder ein Auto fährt daher,
beginnt er ein lautes Geschrei,
was das für eine Störung wär.

Er kommt kaum aus der Küche,
mag nirgendwo anders hin.
Er kennt all ihre Gerüche,
und bleibt lieber drin.

Hier hat er sein Essen,
hier ist es nie kalt,
er hat so viel vergessen,
er ist ja schon alt!

Er kleidet sich in schwarz und grün,
an manchen Stellen blau,
sieht, wie draußen Blumen blühn,
kennt die Küche ganz genau.

Hört er Stimmen, wird er laut,
hat dann was zu erzählen.
Hat immer Salat und Körner gekaut,
brauchte nie viel zu wählen.

Und sitzt er auf der Gardinenstange,
kann er auf den Ausblick hoffen.
Ich wünsche, er lebt noch recht lange,
sein Käfig ist stets offen.

Was ist das wohl für ein Tier?
Ein Wellensittich, ist doch klar!
Ihn beschrieb ich hier.
Dem Vogel geht es wunderbar!

Katzen-Traum

Sonntag morgen, so um acht,
eben bin ich aufgewacht.
Mein Schlaf, der war so herrlich,
das Aufstehn nun beschwerlich.

Aber wieso aufstehn schon?
Das Liegenbleiben ist des Sonntags Lohn!
Ich mach aber doch die Tür schon auf,
denn die Katze kommt die Trepp herauf.

Es ist so ruhig und so leise,
nur die Katze schnurrt schon ihre Weise.
Ich kraule sie mal hier, mal da,
bis diese ganz verlegen war.

„Tut das gut", schnurrt sie mir zu,
„verzeih, dass ich dir nehme deine Ruh."
„Das macht doch nichts", sag ich im selben Ton,
„ich war doch wach gaaanz lange schon."

Ich hab geflunkert, das ist wahr.
Doch was tut man nicht alles, ist sie mal da!
Ich hab sie gekrault von hinten und von vorn,
dann hat sie leider die Lust verlor'n.

Mit einem leisen „Mau, bis dann"
sie die Trepp hinuntersprang.
Nun kommt es mir vor wie ein Traum:
Die Katze war in diesem Raum!

Genau hier, an diesem Fleck,
schade, dass sie ist schon weg.
Das könnte sie ruhig öfter machen!
Dann würde ich gerne früh erwachen!

Die Ratte

Es war einmal eine Ratte,
die las sehr gerne und sie hatte
von Büchern über hundert!
Das hat alle sehr verwundert.

Man sagte Leseratte nun zu ihr,
und man sah sie auch oft hier,
zwischen Büchern in der Bücherei
Ein paar Zeitungen waren auch dabei.

Eines Tages kam die Ratte,
die wieder Lust zum Lesen hatte,
zu ein paar Büchern auf dem Tisch.
Auf diese freute sie sich.

Sie schlug die erste Seite auf.
Da nahm das Schicksal seinen Lauf:
Ein spitzer Schrei entfuhr dem Tier!
Jemand anderes war schon hier!

Ein riesen Loch war in der Seite.
Die Buchstaben in voller Breite,
wie weggefressen sah es aus.
Die Ratte überkam ein Graus.

Sie blätterte die Seiten um,
schauderte, blieb stumm.
Das ganze Buch, unlesbar nun.
Was sollte sie jetzt tun?

Sie blickte durch das Loch hindurch,
zu den Büchern, voller Furcht.
Jedes dieser Bücher hatte
ein Loch, oh arme Leseratte!

Da! Im letzten Buch auf dem Tisch,
die Bissspuren waren ganz frisch,
hörte sie jemanden kauen!
Wer wollte ihr die Bücher versauen?

„Wer bist du und was machst du hier?"
fragte sie das komische Tier.
„Ein Bücherwurm, ja und?",
sagte es mit vollem Mund.

„Weil du meine Bücher frisst
und das nicht gerade freundlich ist."
„Ich hab doch Hunger, tut mir leid!
Die Bücher standen halt nicht weit."

„Musst du denn durch Bücher *fressen*,
um den Hunger zu vergessen?
Könntest du auch LESEN lieben?
Dann wären sie alle heil geblieben."

So lehrte die Ratte den Bücherwurm das Lesen,
als wären sie immer Freunde gewesen.
Und schaut man heut in der Bücherei umher,
sieht man keine Löcher in Büchern mehr.

Nur manchmal sind an den Rändern der Seiten
kleine Bissspuren, als beizeiten
der Bücherwurm großen Hunger hatte.
Ansonsten las er friedlich mit der Ratte.

Freunde fürs Leben

Ein Schwan schwamm auf dem Teich.
Der Teich gehört zum Zoo.
Im Zoo wohnt' eine Eselin,
die nannte man Didó.

Eines Tages stieg der Schwan
aus dem Teich heraus.
Er watschelte triefnass heran
und schüttelte sich aus.

Leider war Didó ganz nah
an ihrem Zaunesrand
und blickte, nass gespritzt vom Schwan,
diesen strafend an.

Der entschuldigte sich schnatternd
und ging des Weges her.
Didó schaute ihm hinterher,
bis sie ihn sah nicht mehr.

Was dachte sie in dem Moment?
Der Schwan war freundlich gar!
Das hätte Didó nicht gedacht,
wo sie doch so zornig war.

Plötzlich hörte sie Geschrei,
ein lautes, wild' Geschnatter!
Didó warf sich gegen den Zaun,
wollte raus aus ihrem Gatter!

Mit Anlauf schaffte sie's zu springen,
suchte, wo der Schwan geblieben.
Dort sah sie ihn – mit dem Gepard,
dem Untier aus Gehege Sieben!

Dieser Widerling von einem Tier
hatte den Schwan gepackt!
Der wehrte sich, verlor viele Federn -
das arme Vieh war schon halb nackt.

14

Da stürmte die Eselin mit lautem „I-Ah"
auf die beiden zu.
Der Gepard erschrak, ließ Didó los
und verschwand ohne Beute im Nu.

Bevor die Tierpfleger kamen,
sah Didó zum Schwan hernieder.
In dessen Augen stand „Danke"
und „Seh'n wir uns wieder?"

Viele Tage stand Didó allein
am Zaun ihres Geheges.
Da kam eines Tages ...
der Schwan des Weges!

Gehegt und gepflegt
durfte er wieder zum Teich,
und seine Retterin
besuchte er gleich!

Er fragte sie zaghaft:
„Darf ich zu dir?"
Und nach ihrem Nicken
flatterte er zum grauen Tier.

So sieht man noch heute,
hält man im Zoo mal an,
auf einer Eselin reiten
einen glücklichen Schwan!

Wie ein Vogel

Wenn der Morgen leis erwacht,
und jene Vögel, die bei Nacht
ruhig und geduldig schwiegen,
nunmehr wieder weiterfliegen,
stelle ich mir manchmal vor,
dass ich ein Vöglein wär:

Hoch über den Bäumen schweben,
das ist mein Traum.
Mich zu den Wolken erheben
und niederlassen auf einem Baum.

Von dort hinabsehen auf unsre Welt,
die Menschen von oben sehen,
wie sie sitzen, wie sie gehen;
das wär's, was mir gefällt.

Von Park zu Park würd ich fliegen
und meine Brüder und Schwestern betrachten,
wie sie von Menschen gefüttert werden.
Und bliebe etwas liegen,
und keiner würd's beachten,
stürzt' ich mich hinab auf Erden.

„Ich wünscht', dass ich ein Vogel sei."
Ist das jetzt Träumerei?
Oder gar Zauberei?
Nein, ich fliege, ich bin frei!

Die Ameise

Eine Ameise wollte über den Bach.
Der war so reißend, war so tief,
die Ameise immer am Ufer lief.
Da dachte sie erstmal nach.

„Wie komme ich bloß hin?
Mit Blättern und Zweigen – oder schwimmen?
Und wie dann das andre Ufer erklimmen?
Nein, das hat alles keinen Sinn!"

Da klappte das Tier sein „A" einfach ein
und flog ohne Weh und Ach
als MEISE über den Bach.
Tja, man sollte halt mal flexibel sein!

Dumme gibt es überall

Ein Esel kommt mit einer Herde
voller weißer und brauner Pferde
zu einem breiten, lauten Fluss,
wo auch er mal drüber muss.

Der Esel steht und sieht ins Wasser
und wird immer blasser,
wogegen die Pferde rufen heiter:
„Dummer Esel, geh doch weiter!"

***

Ein Hund soll am Abend noch raus,
doch will der gar nicht aus dem Haus,
denn draußen regnet es seit Stunden,
und hat noch kein Ende gefunden.

Da wird es dem Herrchen zu bunt,
er ruft: „Komm mit raus, dummer Hund!
Du musst doch heut noch Gassi gehen,
ich möchte nicht im Flur rumstehen!"

***

Auf dem Bauernhof gibt es Geschrei,
viel Geflügel ist dabei.
Im Hühnerstall, da kreischt die Pute,
hüpft auf und nieder, diese Gute.

„Warum bleibst Du nicht mal sitzen,
schaust hier einfach durch die Ritzen?
Du bist ne dumme Pute, du!"
Doch die gibt keine Ruh.

***

Auf einer kargen Wiese
steht eine Kuh, und diese
rupft das grüne Gras und weidet,
doch das eine Stückchen meidet

sie und läßt das Dunkelgrüne steh'n.
Auch eine Ziege läßt sich seh'n.
„Warum frisst du das nicht? Du
scheinst mir eine dumme Kuh!"

***

Dummes Getier,
meint ihr hier?
Doch geht es noch weiter,
sie sind noch gescheiter!

***

Der Esel, der übers Wasser sollte
und nicht wie die Pferde wollte,
wär fast in eine Untiefe gesunken -
darin sind die Pferde ertrunken!

***

Der Hund, der ungern Gassi ging bei Regen,
und sein Herrchen anbellte deswegen,
hatte für ihn vielleicht Gutes im Sinne,
denn der stieß gegen die kaputte Regenrinne.

***

Die Pute, die im Stall lief wie wild,
ahnte, dass der Bauer sie killt,
wenn er sie in die Finger kriegt.
Heute hat sie ihn besiegt.

***

Und die Kuh, die das dunkle Fleckchen Gras
der Ziege überließ, die es fraß,
hatte kein schlechtes Gewissen.
Es war der Sammelpunkt der Hornissen …

Alliterationen-Gedicht

Vier Vögel flogen von ferne
gen grünen Garten gar gerne.

Sie sahen sieben Schnecken schleichen,
wenige wollten Würmern weichen.

Als Ameisen anmarschierten,
geflogene Gemüter gierten.

Sie stürzten sich zwischen Salaten
auf alle Ameisenarten.

... ziemlich zögerlich ziehende Zeit ...

Vier Vögel flogen vollgefressen
um umgefallene Ulmen unvergessen.

Nachts bei den Schafen

Wenn ich versuche zu schlafen,
zähle ich Herden von Schafen.
Die springen über Zäune
und bringen mir gute Träume.

Doch wisst ihr, was ich da gesehen?
Die Schafe wollten nicht nur stehen,
sie wollten richtig springen
und dafür Punkte erringen!

Die Richter saßen auf der Weide
und sahen die Schnucken der Heide.
Dann zeigten sie die Punkte allen,
denen hat der Sprung gefallen.

Wer schließlich hat gewonnen?
Leider ist mein Traum zerronnen,
als die Schafe wurden kecker -
da klingelte nämlich mein Wecker!

Die Wüstenschildkröte auf der Suche

Eine Schildkröt in der Wüste,
die rannte nicht, noch düste,
sie ging so langsam, so behäbig
und dachte stets: „Ach, käm ich

doch endlich an das Meer,
das wünsche ich so sehr!"
Da hört´ sie jemanden gehen
und konnte es bald sehen:

Ein Kamel kam durch den Sand,
bis es bei der Schildkröt stand.
„Bist du auf der Reise?"
fragte das Kamel ganz leise.

„Nunja, ich such das Meer,
denn die Wüste ist so leer!"
„Nein, nein, ich finde voll dies Land,
hier ist alles schön voll Sand!"

„Ach, ich möchte einmal im Leben -
und da würd ich alles für geben -
einmal im Leben ein Schiff sehen
und auf einem Riff gehen."

„Komm, steig auf, wir suchen's gemeinsam,
dann gehen wir beide nicht einsam."
Und es kniete sich höchst elegant
breitbeinig in den Sand.

Es dauerte 'ne Weile,
bis die Schildkröt ohne Eile
das Kamel erklommen
und zwischen den Höckern Platz genommen.

Als das Kamel sich erhob,
schwärmte die Schildkröt voll Lob:
„Nein, was ist das schön!
Diese Aussicht! Ich kann sehn!"

Da begann das Kamel zu traben
und seine Reiterin fing an, sich zu laben
an dem Schaukeln unter ihr.
„Wie auf einem Schiff ist es hier!"

„Das liegt an der Art wie wir gehen,
von rechts nach links, auf Zehen.
Wir Kamele werden auch an Land
schon mal Wüstenschiffe genannt!"

So staunte unsere Kröte
und hatte keine Nöte,
schnell ans Meer zu kommen,
sie wurde ja nett mitgenommen.

Sie hatte nicht nur ein Schiff gesehen,
sie konnte auch die Welt verstehen,
dass das Land war unglaublich weit
und mit Kamel war sie nun zu zweit.

Das Märchen vom roten Schuh

Als ein Auto über die Landstraße raste,
eine Kuh gelangweilt auf der Weide graste.
Doch plötzlich fand beim Kauen die Kuh
einen leuchtend roten Damenschuh.

„Muh! Wem gehört diese Bekleidung?
Schnell mal anziehen, Beeilung!
Sonst kommt hier noch ein Geck
und schnappt mir meinen Prinzen weg!"

Und die Kuh probierte und probierte,
und wie sie so hantierte,
kam 'ne Gans ganz nah
und fragte: „Was machst du denn da?"

„Na, dieser Schuh liegt auf der Wiese,
und ich kriege gleich 'ne Krise,
weil mein Fuß nicht passt da rein!
Der Schuh ist mir zu klein!

Bestimmt kommt gleich der Prinz daher
und nimmt mich mit, das hoff ich sehr.
Dazu muss ich nur in den Schuh,
muuuuhhh!"

Die Kuh begann zu weinen.
Die Gans sah *ihren* Fuß, den kleinen,
und machte ihn für den Schuh bereit.
Doch ihr Fuß war zu breit!

„Oh nein, oh nein", die Gans laut gackerte,
im Aug ein Tränchen flackerte.
„Was wird nun aus meinem Traum?
Jetzt nimmt mich ein Prinz wohl kaum!"

„Summ summ", kam eine Biene angeflogen
und landete neben dem Schuh in einem Bogen.
„Wassss isss'n lossss?"
fragte sie bloß.

Die Kuh und die Gans erzählten,
dass vom Prinz alle Spuren fehlten,
bis auf diesen roten Schuh,
doch kein Fuß passe dazu.

Die Biene sah sich an und summte,
dann flog sie zum Schuh und verstummte.
Ihr Fuß war nicht groß, nein, zu klein!
Sie passte sogar ganz hinein!

Da weinte auch die Biene winzige Tränen
und auf ihrem Gesicht lag ein Sehnen,
weil sie so gern eine Prinzessin wär,
doch dieser Wunsch blieb nun leer.

Da kam zum Schuh eine Schnecke,
die kam nur langsam vom Flecke.
Sie hatte alles mit angehört
und schien ein bißchen verstört.

„Meint ihr nicht, das wär ein Märchen,
wenn Prinz und Prinzessin werden ein Pärchen,
und das nur wegen einem Schuh?
Ach, Bienchen, Gans und Kuh,

eurem Prinzen, dem hinterlasse ich Grüße,
denn wir Schnecken haben keine Füße!"
Sie dachten darüber nach, die drei,
da eilte eine Maus schnell herbei.

Sie blieb beim Schuh grad stehen,
man konnte sie hantieren sehen,
denn unter'm Arm hatte sie Moos,
einen Packen, der war nicht groß.

Sie stopfte das Moos wie Kissen und Decken
in den Schuh, begann sich zu recken
und sagte, ganz ohne Hast:
„Danke, dass ihr aufgepasst!

Nun bin ich da, ihr könnt jetzt gehen,
ihr müsst nicht wirklich um mich stehen.
Ich hab mein Bettchen mir gemacht
und sag jetzt einfach ‚Gute Nacht.'"

Der Werkstatthund

In der Werkstatt für Autos und Wagen
sieht man einen Hund, an manchen Tagen.
Meist versteckt er sich im Büro,
in der Werkstatt und anderswo.

Die einzige Freude sind die Kunden,
und auf dem Hof dreht er seine Runden.
Doch im Winter ist es ganz kalt,
und der Hund ist schon recht alt.

So wartet er, bis jemand die Tür
aufmacht und sitzt dann hier
vor der Heizung und zittert,
bis er sein Herrchen wittert.

Dann freut er sich und läuft ihm entgegen,
doch Herrchen sagt heute: „Von wegen!
Bleib drin, geliebter Vierbeiner,
sonst erfrierst du mir noch, mein Kleiner!"

So rollt der Hund vor der Heizung sich hin
und weiß: „Ich geh ihm nicht aus dem Sinn.
Mein Herrchen, der ist hier Chef,
ich weiß, dass ich ihn heut wiedertreff."

Und als Herrchen und Hund sich wiedertrafen,
war sein Hund schon eingeschlafen!

Der Hase und der Igel

Nein nein, hier findet kein Wettlauf statt.
Das Rennen haben Hase und Igel schon lange satt.
Nachdem der Igel den Hasen besiegt,
haben die beiden sich nochmal in die Haare gekriegt:

Auf einer Lichtung im Wald
ging fröhlich pfeifend der Igel.
Da sah er es zwischen den Bäumen blitzen
und hob es auf, es war ein Spiegel.

„Oh," sprach er entzückt,
„das ist ja ein schönes Bild von mir!"
Und als er es so sprach,
hüpfte der Hase heran, das Tier.

„Was hast Du da?" fragte der Hase.
„Ich hab´s gefunden, ein Bild von mir!"
Und wie der Hase schaute hinein,
schrie er: „Nein, ein Bild von MIR!"

Sie stritten sich, wem es gehöre,
dem Hasen oder dem Igel.
Und so ging er hin und her,
der schöne, glitzernde Spiegel.

Da kam die alte Eule geflogen.
Sie fühlte sich vom Lärm gestört.
Sie fragte die beiden, warum und wieso,
und die haben es ihr erklärt.

Die Eule, die weise,
schaute auch in den Spiegel,
erkannte jedoch mehr als nur sich,
und sagte zu Hase und Igel:

„Kommt doch mal neben mich.
Schaut jetzt mal hinein.
Es gehört weder Dir noch Dir,
es ist ein Bild von uns dreien!

Wir lassen es hier liegen,
und kommen wir nochmal her,
schauen wir es uns wieder an.
Ist das nicht fair?"

Da gaben sich beide die Pfote
und versprachen, nicht mehr zu streiten.
Dann liefen sie auf und davon
wie in alten Märchen-Zeiten.

Rasantes Tierkonzert

Auf den heutigen Tag lege ich besonderen Wert,
denn heute geh ich ins Tierkonzert.
Obwohl ich mich vor Tieren greule!
Als erstes singt die Eule.

Nach der Arie in e-Moll,
der Saal ist wieder mal besonders voll,
tritt auf die Bühne, man glaubt es kaum,
ein Küken, das noch ganz im Flaum.

Es piept vergnüglich,
mein Platz ist vorzüglich,
ich kann sehen und hören,
und keiner soll mich dabei stören.

Das Küken macht der Mutter Platz,
die gackert rum, und nur die Katz,
die nun auf die Bühne kommt,
mir den ersten Schrecken nommt.

Sie miaut zwar kläglich,
doch ist es erträglich.
Und jetzt kommen als Chor
Pferde, Frösch und Kuh hervor!

Die Pferde wiehern, und zwar laut:
„Wer hat uns denn das Heu geklaut?!
Wir woll'n es wieder, und zwar schnell!"
Und nochmal wiehern sie hell.

Und die Frösche aus dem Sumpf?
Quaken die etwa dumpf?
Nein, sie quaken laut!
Sie sind ja auch kräftig gebaut.

Die Kuh ...
singt ein langes „Muh".
Ist es ein Sopran – mit Gewalt?
Nee, ich glaube eher, ein Alt.

Den Sopran singt dann die Giraffe,
den Tenor dazu der Affe.
Sie dacht' schon, dass der Affe sie lause.
Jetzt ist Pause.

Die Fliegen sirren mit hellem Ton,
man hört's und weiß: „Sie kommen schon!"
Und als zum zweiten Mal sie kommen,
hab ich wieder Platz genommen.

Und dann kriecht unter Beifallssturm
auf die Bühne ein kleiner Wurm.
Auch er versucht es jetzt mit Singen,
ich dachte nicht, dass Würmer so gut klingen!

Der Wurm, er war sein eigner Chor,
auch sowas kommt nur selten vor!
Und dann kriecht unter Beifallssturm
von der Bühne dieser kleine Wurm.

Ein Esel singt so schön: „I-aaah!"
Die Grille zirpt: „Auch ich bin da!"
Dann schwirrt sie ab, so schnell sie kann,
und bald kommt das Wildschwein dran.

Das Wildschwein ist noch frisch und munter,
singt gleich A-Dur rauf und runter.
Es versucht sich in der Volksmusik
und erntet damit gute Kritik!

Ich schenke Beachtung jedem Geräusch.
Aber wie, frag ich euch,
singt die Schnecke ihre Weise?
Ist doch klar: Langsam und leise!

Nun kann ich nur noch den Vorhang sehen.
Ich glaub, ich sollte nach Hause gehen.
Alle Tiere gingen nach Haus!
Das Konzert ist wohl aus …

Die Möchtegern-Mücke

Es war einmal 'ne Mücke,
die riss sich fast in Stücke,
weil sie so gerne anders wär,
das grämte sie gar sehr.

Es kam da die Libelle,
die wollte auf die Schnelle
zum Bach und trinken was.
Da hat' die Mücke Spaß!

„Ich wär gern die Libelle
und flög zur nächsten Welle.
Ich wär so groß und auch so schön!
Gar wunderherrlich anzuseh'n!"

Als sie das so dachte,
flog die Libelle sachte
über das Wasser, ganz frisch,
da schnappte sie plötzlich ein Fisch!

„Oje, die Libelle, die Arme,
fraß ein Fisch, Gott erbarme!
Da möchte ich lieber der Fisch sein,
der hat immer ein gedecktes Tischlein!"

Sie folgte dem Fisch immer nach,
der schwamm so munter im Bach.
Einmal sprang der Fisch hoch hinaus
und landete wieder im Wasser mit Braus.

Da wünschte die Mücke so sehr,
dass sie das schnelle Fischlein wär!
Doch als der Fisch nochmal sprang,
machte der Bär einen guten Fang!

Ein Braunbär, dieser Dreiste,
saß am Ufer und verspeiste
den Fisch mit der Libelle drin.
„Wie gut, dass ich der Fisch nicht bin!

Doch jetzt hab ich's, ich wär
so gerne dieser starke Bär!
Der Größte hier im Wald,
sein Brüllen durch die Bäume schallt!"

Da flog die Mücke zu dem Bären
und konnte ihn laut brummen hören:
„Es ärgert sehr mit Tücken mich,
ich habe einen Mückenstich!

Ich bin so stark und auch so groß,
die Mücke ist eine Mücke bloß!
Wer sagt mir, wie ich kratzen kann?
Ich komme an den Stich nicht ran!"

„Ach", sprach da das kleine Tier,
„dann hält mich nichts mehr hier.
Wenn selbst dem stärksten Bär der Welt
ein Mückenstich nicht so gefällt,
dann flieg ich heim zum Glücke
und bleibe gerne – eine Mücke!"

33

Kathrinchen

Es war einmal Kathrinchen,
die hatte ein Kaninchen.
Keinen Wunsch hegte sie mehr,
als dass sie ein Kaninchen wär.

Das weiche Fell, die süßen Ohren,
ach, wär sie doch als Tier geboren!
Und eines Nachts, als sie schon schlief,
eine Fee sie zart beim Namen rief:

„Wach auf, wach auf, Kathrinchen!
Von heut an bist Du ein Kaninchen!"
Die Fee verschwand – war's doch ein Traum?
Kathrinchen hörte ihre Worte kaum.

Sie saß in ihrem Bette,
ach, wenn sie es nie ausgesprochen hätte!
Lange Ohren, weiches Fell,
sie bereute den Wunsch schnell!

Sie hoppelte vom Bett herab,
sie fiel schon halb, oh, das war knapp!
„Was nun?" fragte sich Kathrinchen,
denn sie war so klein wie ein Kaninchen.

Sie hoppelte zum Käfig rüber
und bekam gleich einen Nasenstüber
von ihrem anderen Kaninchen-Tier,
das meinte, dies sei sein Revier!

Sie schielte hungrig zum Grünzeug her,
doch der Korb in der Küche war so leer.
Sie sollte gestern Neues holen,
so hatte Mutter es befohlen.

Doch sie hat nicht dran gedacht,
und so schnell schon kam die Nacht.
Und mal eben in den Garten?
Tja, da konnt sie lange warten!

Die Tür blieb zu, so ist das eben
in einem kleinen Kaninchen-Leben.
Nicht groß genug und keine Hände –
das Ganze nahm ein jähes Ende!

Kathrinchen wackelt mit den Ohren,
Schweiß bricht ihr aus allen Poren.
Sie hoppelt hin und hoppelt her,
Mensch zu sein, gefiel ihr mehr.

Doch war der Wunsch für das Kathrinchen
der größte, zu sein wie ein Kaninchen.
Sie bereut' es schon seit langem,
Tränen rannen über ihre Wangen.

Sie putzte sie ab und fragte sich schnell:
„Wo ist denn nun mein weiches Fell?"
Ohne Fell wurd's langsam kalt,
jetzt saß sie da in Menschengestalt!

Die Nacht war um. War es ein Traum?
Oder war die Fee erneut im Raum?

Glaubt es oder nicht,
doch die Moral von diesem Gedicht
ist, dass du erst an die Folgen denkst,
und dann erst einen Wunsch anfängst!

Aus dem Leben einer Katze *(Rondo Poesia)*

Wenn die Katze mal miaut,
tut sie das mal leis, mal laut.

So schnurrt sie dann mal laut, mal leise
und spricht mit uns auf ihre Weise.

Sie spricht mit uns auf ihre Art,
ihr Lager mag sie nicht so hart.

Ihr Lager mag sie lieber weich,
drum springt sie auf das Sofa gleich.

Sie springt auf Sofa und auf Decken,
am liebsten über kleine Hecken.

Über Hecken und auch Zäune
und klettert gern auf hohe Bäume.

Gerne klettert sie auf hohen Ast,
runter kommt sie nie mit Hast.

Runter kommt sie nicht mit Eile,
denn die Feuerwehr braucht stets 'ne Weile!

Die Feuerwehr braucht etwas Zeit,
auch, wenn die Katze auf dem Baume schreit.

Auch, wenn die Katze oben weint,
der Helfer rettet sie, wie's scheint.

Sie wird dann schließlich doch gerettet.
Wenn Ihr das gesehen hättet!

Ach, hättet Ihr das gesehn,
wie Retter und Katz zusammenstehn!

Er hält sie liebevoll im Arm,
dort ist es wieder mal so warm …

Es ist so warm und auch gemütlich,
das stimmt beide dann ganz gütlich.

Sie schaut ihn an, so gütlich und treu,
so dass er die Rettung nicht bereu-t.

Er ist von seiner Tat erbaut,
als sie auf seinem Arm miaut.

Und wenn die Katze mal miaut,
tut sie das mal leis, mal laut.

So schnurrt sie dann ... *(von vorne)*

Das Krokodil im Nil

Es war einmal ein Krokodil,
das schwamm – wo sonst? – im Nil.
Doch der lange Nil
dem Tier nicht mehr gefiel.
Zu warm, zu lang, zu viel
Wasser und kein Ventil.
So setzte sich das Krokodil
ein neues Ziel.
Es schwamm grazil,
mit gutem Stil,
schwamm sehr lange, schwamm sehr viel,
das Wetter war stabil.
Und so kam das Krokodil
vom Nil
nach Kiel,
wo es ihm bis heut gefiel.

Der Aal im Kanal

Dem Aal
im Kanal
war's egal,
ob der Wal
etwas stahl.
Nur den Strahl
vom Wal
fand der Aal
phänomenal!

Berührungen

Zärtlich legst Du Deine Hand in meine,
schaust mich an mit liebem Blick.
Und ich denke an die Zeit,
als Du zu mir gekommen bist, zurück.

Du warst jünger noch, verspielt,
doch machtest mir schnell klar,
der Partner für's Leben
wirst Du, ganz klar!

Berühren magst Du mich gern,
oft streifst Du meine Haut.
Auch ich streichel Dich gern,
Du bist sooo gut gebaut.

Ich mag Dich! Du bist so lustig,
doch treib es nicht zu bunt!
Sonst kauf ich mir 'nen anderen -
Schäferhund!

Wald-Idylle

Ich geh im Wald so vor mich hin,
die Stille zu suchen ist mein Sinn.
Und wie ich so wandre durch den Wald,
höre ich die Stille bald.

Ich bleibe stehen und lausche still:
Hier ist es so, wie ich es will.
Doch wird die Idylle mir gestört,
weil ich ein Geräusch gehört.

Erst fällt ein Blatt, dann säuselt der Wind,
ich höre, wie laut Käfer sind!
Sie schaben, sie krabbeln sehr schnell,
dann hör ich ein Zirpen, ganz hell.

Eine Grille fiedelt vor sich hin,
bis echt genervt ich bin.
Ihr habt mir die Stille versaut!
Jetzt ruft auch noch ein Kuckuck laut!

Fliegen und Mücken kommen an
und machen sich an mich ran!
Ich fliehe vor ihnen, mach mich aus dem Staub,
bis ich auf dem Waldweg mich sicher glaub.

Doch aus dem Unterholz, das kann nicht sein,
stürzt ein braunes, wildes Schwein!
Ich laufe weg, es jagt mich fort,
ich komme nicht mehr an diesen Ort!

Es grunzt, es schabt, es zirpt und es sirrt
Ich wollte Stille – bin ganz verwirrt.
Ich höre Geräusche hinter jedem Baum,
doch … jetzt hör ich den Wecker – es war nur ein Traum!

Morgen soll ich auf Wanderung geh'n,
mit anderen die Natur draußen seh'n.
DAS sag ich lieber schnell ab,
weil ich die Nase voll vom Waldleben hab!

Der Papagei

Es war einmal ein Papagei,
der flog im Urwald rum, ganz frei.
Doch hat ihn jemand eingefangen
und den ganzen Weg, den langen,
mitgenommen zu uns her,
denn die Kinder freut es sehr,
wenn ein solches Tierchen spricht,
dann machen sie ein frohes Gesicht.

So kam denn unser Papagei
in einem Käfig, nicht mehr frei,
bei Familie Mayer an
und durfte fliegen, dann und wann,
doch nur, wenn alle Fenster zu!
Sonst flög er aus im Nu!

Man brachte unserm Papagei
mit Mühe ein paar Worte bei.
Er konnte „Du" und „Hallo" sagen
und bei Regen sich beklagen,
„Quatschkopf" sprach er ebenso,
doch niemals „Ich bin froh".

Und eines Tages fraß er nicht,
bekam er auch sein Leibgericht.
Fliegen wollt er auch nicht mehr,
die Kinder weinten um ihn sehr.
Seine Freiheit wollte er zurück -
jetzt hat er sie, zum Glück!

Sein Käfig hier ist nun verwaist,
doch oben ... fliegt sein Papageist!

Die drei Vampire

Drei Vampire trafen sich
mitten in der Nacht.
In ihnen war der Hunger
seit vorigem Tag erwacht.

Einer flog weg
und blieb lange fort.
Als er wiederkam, baten sie
ihren Kollegen um ein Wort.

Der hatte noch Blut im Gesicht
und zeigte auf ein Haus:
„Seht, die Bewohner dort,
die saugte ich alle aus!"

Die beiden staunten,
der zweite flog los.
Auch er blieb lange fort,
wo war er bloß?

Er kam wieder,
Blut im Gesicht.
„Wo warst du?" fragten die anderen.
„Warum kamst du nicht?"

„Seht ihr dort das Krankenhaus?
Die Blutbank ist jetzt leer,
und auch die Angestellten
schmeckten mir gar sehr!"

Da wollte doch der dritte
nicht lange zurücksteh'n.
Er flog schnellstens los,
die andern sollten schon seh'n!

Er kam, überströmt von Blut
zu seinen Kumpels zurück.
„Mensch", dachten die anderen,
„der hatte Glück!"

„Seht ihr dort die Straßenlampe,
die so helle strahlt ihr Licht?"
„Ja", meinten verständnislos die andern,
„nun, ich sah sie nicht …"

Auf einer Tier-Hochzeit

Auf der Hochzeit von zwei Tieren
hatten die Gäste keine Manieren!
Davon muss ich euch berichten.
Erfunden ist das? Mitnichten!

Es kam so, dass die Braut
fragte die Gäste ganz laut:
"Ohne viel Worte:
Wer möchte Torte?"

"Ich nehm ne Halbe",
rief die Schwalbe.

"Ich nur ein Achtel",
sagte die Wachtel.

Naja, zum Glück
bekam jeder Gast ein Stück.

"Meins ist zu klein",
maulte das Schwein.

„Meins ist so schief",
das Eichhörnchen rief.

„Hab keine Gabel dabei",
beklagt sich der Papagei.

„Ich warte zzzu lange",
klagte die Schlange.

„Geht das da vorn auch flotter?"
murrte der Otter.

„Ui, ist das viel",
wundert sich das Krokodil.

„Ich hab nur Krüm(m)el",
weinte Frau Mümmel.

„Ich will mehr",
rief auch der Bär.

„Warum ist die Torte bunt?"
fragte der Hund.

„Das rote ist Kirsch",
erklärte der Hirsch.

„Das andre ist Butter",
meint die Brautmutter.

„Ist das ne Traube?"
fragte die Taube.

„Ja", meint der Kater,
er war der Brautvater.

„Hab ich nicht erkannt",
sinnierte der Elefant.

„Stimmt, sehen aus wie Drops",
kicherte der Mops.

„Die Torte ist spitze",
schwärmten Rehkitze.

„Hat die Braut sie gemacht?"
„Ja, noch gestern Nacht."

„Nicht schlecht",
staunte der Specht.

„Tja, backen kann 'se",
meinte der Schimpanse.

„Hab ich sie gelehrt",
prahlte das Pferd.

„Boah, ich glaub, ich platze",
stöhnte die Katze.

Na, was sagt ich zu Beginn?
Ich bin froh, dass *ich* kein Tier bin.
Oder war das letztens bei der anderen Feier
nicht eigentlich die gleiche Leier?

Ob Mensch, ob Tier,
wir alle hier
haben immer was zu sagen,
ob zu loben oder klagen.

Kommt dir was Böses in den Sinn,
dann hör einfach nicht hin.
Mach's halt wie der Fuchs:
Verschluck's!

Grenzen

Auf dem Bauernhof der Hund
läuft hin und her und rund.
Läuft an einer langen Leine,
Angst hat er keine.

Dafür die anderen Tiere alle,
sehen in ihm eine Falle.
Wenn man nicht die Grenze kennt
und vor ihn läuft, so richtig pennt!

Doch die Hühner wissen schon,
wenn er bellt den ersten Ton,
gehen sie *grad* so vorbei,
sein Bellen ist dann einerlei.

Eines Tags stolzierte wieder
ein Huhn den Hof herauf und nieder.
Der Hund schoß an und bellte sehr,
doch die Kette reicht' nicht mehr.

Wie gerne hätt' der böse Hund
gepackt mit seinem großen Mund
das Huhn, das freche, das stolzierte!
Wie sehr er danach gierte!

Das Huhn, es gackert: „Ha ha ha!"
Auf einmal stand der Bauer da.
Das Huhn, das drehte nach dem Hund den Kopf -
da packte es der Bauer: „Heute kommst DU in den Topf!"

Merke: Nur wer seine Grenzen kennt,
nicht immer um sein Leben rennt.
Und: Bei zwei Feinden am Hof
kommt dir einer immer doof!

Der Aufstand

In einem Kinderzimmer
da singt ein Mädchen immer
die Lieder, die es mag,
je-den Tag:

„Suse, liebe Suse, was raschelt im Stroh?
Das sind die lieben Gänslein, die ha'm keine Schuh."
Was das Mädchen nicht weiß,
dass vor dem Fenster, ganz leis,
sich versammeln die Gänse,
mit dem langen Hals, die kenn 'se.

„Jetzt ist Schluss mit diesem Lied,
das immer durch die Stube zieht!
Wer sagt, dass wir keine Schuhe haben?
Wir haben Schuhe in allen Farben!
Seht hier: Rote, gelbe, schwarze, blaue –
Komm, kleines Mädchen, komm und schaue!"

Doch da singt das Mädchen unverhohlen:
„Fuchs, du hast die Gans gestohlen ..."
Kommt das Füchslein an, geschwind,
schaut durchs Fenster auf das Kind.
„Das hab ich nicht, das ist gelogen!
Um Gänse mach ich einen Bogen!
Die liegen mir so schwer im Magen,
ich fress Mäuse nur - seit Tagen!"

Das Mädchen drinnen singt mit Spaß:
„Auf einem Baum ein Kuckuck saß!"
Da fliegt der Kuckuck grad vorbei,
landet und schreit „Wei o wei!
Jedes Mal sterb ich aufs Neu',
der Jäger schießt stets ohne Reu'!"

Da schaut sich an das liebe Vieh
und aus voller Kehle singen sie:
„Alle bösen Menschen
singen uns ein Lied,
singen uns ein Lied,
wissen nicht, was wirklich
in unsrer Welt geschieht.

Alle unsre Freunde
hab'n sich nämlich gern,
hab'n sich nämlich gern,
sind nicht wie ihr Menschen,
Feindschaft liegt uns fern!"

Zoo-Besuch

Ich geh im Zoo spazieren
und erkenne an den Tieren,
dass jedes Vieh so steht
wie im Alphabet:

Die **A**ffen neben dem **B**är,
der findet es nicht fair,
dass die Affen sind immer so laut,
wenn er grad sein Fressen kaut.

Der **C**lownfisch und das **D**romedar,
die kommen leider nicht ganz klar:
Der Fisch, der braucht das Wasser,
das Dromedar ist ungern nasser.

Erdmännchen und **F**ledermaus
teilen sich Gehege und Haus.
Erdmännchen unten, die Maus hängt oben,
den Erfinder kann man loben!

Ich geh weiter, möchte sieh'n
Giraffen und das **H**ermelin.
Giraffen können sich nicht verstecken,
doch Hermeline sind irgendwo in den Ecken.

Der **I**ltis ist genauso groß,
wo ist denn heut der **J**aguar bloß?
Der ist wohl heute jagen,
drum kann er's mir nicht sagen.

Ich geh weiter zu **K**amel und **L**ama,
die werden hier immer zahmer.
Kommen gleich zum Zaun und - spucken!
Hey! Ich wollte doch bloß mal gucken!

Ein paar Meerschweinchen rennen,
andere wiederum pennen.
Daneben ein junges Nashorn,
das ist gestern im Gras gebor'n!

Ein Otter, ein Pinguin, eine Qualle und ein Reiher
die wohnen mit dem Seehund am Weiher.
Der Tapir stolziert drumherum,
auf seinen Beinen, ach so krumm.

Der Uhu schläft am Tage,
dafür sind laute Vögel 'ne Plage.
Ein Wolf beobachtet mich ganz genau,
so dass ich mich nicht näher trau.

Der Xenosaurus ist eine Höckerechse;
der vor mir hat schöne bunte Kleckse.
Ich schau mir noch das Yak hier an,
und beende meinen Rundgang dann.

Moment, da fehlt doch was: Das Zett!
Ach, da steht's ja, wie nett!
Das Zebra winkt am Ausgang recht heiter!
Ja, ich glaub, diesen Zoo empfehle ich weiter!

Kreuzworträtsel

Ich hab ein Kreuzworträtsel liegen
vor mir und könnte kriegen
die Krise, weil ich es nicht schaffe!
Ich komm mir vor wie 'n Affe!

Bevor ich die Geduld verlier:
Da fehlt senkrecht noch ein Tier.
Na klar, das ist das Pferd,
doch das ist ganz verkehrt,

denn Anzahl Zeichen sind nur drei,
dann könnte das der Hai ...?
Nein, ich denk, es ist das Reh,
das reimt sich schön auf Zeh.

Doch reimen ist hier nicht gefragt.
Vielleicht ist auch der Aal gewagt?
Oder sind's Ren oder Yak oder Kuh?
Nein, ich hab's, es ist das Gnu!

Hinten U und zweites E?
Dann passt auch Ara nicht, oje!
Zu lang ist auch die Möwe,
was steht da noch? „Poetisch: Löwe".

Ich glaub, ich hab genug vom Tier.
Ich lass das Rätsel liegen hier.
Das könnt ihr weitermachen,
ich dichte noch paar andre Sachen.

Ich bedanke mich

- bei Margret Nußbaum, die mich unterstützt, fördert und eine gute Freundin ist,

- bei meinem Mann Stefan, der mir Zeit und Raum läßt, meine Inspirationen zu Papier zu bringen,

- bei meinen lieben Töchtern Julia und Sophie, die mich beim Auswendiglernen und den Liedern für die Lesungen unterstützt haben,

- bei meiner Mutter, von der ich das Talent des Dichtens geerbt habe,

- bei allen, die mir mit dem Kauf des ersten Buches das Gefühl gegeben haben, dass meine Gedichte es wert sind, veröffentlicht zu werden,

- bei allen Künstlern, die ihre Werke auf www.opencliparts.com für jeden kostenlos zur Verfügung stellen. In diesem Buch wurden Grafiken verwendet von: Architetto, cyberscooty, Firkin, francenco_rollandin, frankes, halattas, J_Alves, johnny_automatic, laobc, lemmling, Machovka, papapishu, pesasa.

Tina Leupers

Liebe – die Achterbahn des Lebens

Wer wahrlich liebt,
braucht keine Pille,
der froh sich gibt,
vor Schmerz zerbricht.
Man sieht es an der rosa Brille
und den Tränen im Gesicht!

Tina Leupers

Liebe –
die Achterbahn
des Lebens

Fühlen SIE sich gerade auch so –
oder haben mal so empfunden?
Dann sind Sie bei diesem Buch
genau richtig. Tina Leupers
schreibt mit ihren Gedichten über
die Liebe, die kritischen Seiten
des (Zusammen-) Lebens, persönliche Erfahrungen und auch
humorvolle Seiten der „Achterbahn des Lebens".

Lassen Sie sich verführen in Zauberschlösser mit goldenen Türen,
schwelgen Sie in (eigenen) Erinnerungen, backen Sie mit das
„Rezept für die Liebe", lassen Sie sich von der „Ballade vom
Liebeszwerg" berauschen und warten Sie mit dem „Dichter" auf
die Muse.

1. Auflage, März 2015 / 56 Seiten / BoD Verlag
ISBN: 978-3-7347-4678-9
http://tina.leupers.net